Maria, der Ägypterin Liebes- und Bussfahrten

Eine Novelle und zwei Gedichte von
Sir John Retcliffe
(Hermann Goedsche)

Edition Dornbrunnen

Kleine Dornbrunnen Bibliothek

Texte nach *Hermanns Taschenbuch für 1842*,
Minden u. Leipzig, Verlag von Ferdinand Eßmann
(Maria, der Ägypterin Liebes- und Bußfahrten; Widmung)
und nach *Kalenders des Preußischen Volks-Vereins für 1866*,
Herausgegeben von H. Goedche im Selbstverlag
(Willkommen!)

Korrekturen und Lektorat: Meiko Richert

Die Deutsche Nationalbibliothek verzeichnet diese Publikation in der Deutschen Nationalbibliografie; detaillierte bibliografische Daten sind im Internet über
http://dnb.d-nb.de
abrufbar.

2020

ISBN 978-3-943275-49-0

Sven-R. Schulz, Dornbrunner Straße 16, 12437 Berlin
www.edition-dornbrunnen.de
Titelgestaltung: Sven-R. Schulz

Druck und Vertrieb: Book on Demand GmbH, Norderstedt
PNKDB5

Inhalt

Maria, der Ägypterin Liebes- und Bußfahrten

Eine Novelle

1

»Schönste Maria, du Götterkind der Liebe und Sünde! Stelle Aphroditens[1] Dienst wieder her, und ich will dich ehren, als ihre erste Priesterin.«

Cajus sprach es, der reiche junge Römer, halb berauscht von Wein und Wollust, und zog die schöne Sünderin nieder auf die Polster.

Maria, die Reizende, schlug ihn schäkernd auf den Mund und legte den vollen entblößten Arm um seinen Nacken. Die andere Hand aber reichte sie Antonius, dem üppigen Schlemmer, der unfern an der niederen Tafel saß, und an dem Wein von Chios und weichlichen Muscheln sein Herz erfreute.

»Komm her, Antonius«, sprach sie, »und küsse auch du mich; Cajus ist nicht eifersüchtig, und die Liebe gehört ja allen. O welch glückliches Leben führen wir doch, meine Freunde! Wie genießen wir deinen Reichtum, mein Cajus, und freuen uns der schönen Welt und ihrer Lust, tausendmal besser als jene ärmlichen Männer und Weiber, die ihre Zeit mit toten Gebeten hinbringen. Küsse mich, Cajus, ich bin durstig nach deiner Liebe, mein süßer Knabe mit den dunklen Augen und der zarten Wangenfarbe.«

[1] Griechische Göttin der Liebe.

Er zog sie zu sich herab und umfasste ihre üppigen Formen.

Alles umher verkündete ein schwelgerisches Mahl. Süße Weihrauchdüfte stiegen an den Ecken des marmorgetäfelten Gemaches aus tyrrhenischen Vasen, kühlende Springbrunnen rauschten ihre Wässer in steinernen Becken, Gold- und Silbergeschirr belastete die Tafel mit üppigen schwelgerischen Speisen, und dazwischen stand europäischer Wein in kristallenen Krügen. Zahlreiche Diener, unzüchtig gekleidete griechische Sklavinnen, bedienten den Antonin oder reichten dem Hausherrn von Zeit zu Zeit einen goldenen Becher. Alles umher zeigte den Luxus des reichen Schwelgers.

»Das Mahl ist zu Ende«, sagte endlich Antonius, den das Kosen der Liebenden anfing zu langweilen, »und selbst diese zarten Makrelen[1] oder jene gesottenen Löwenklauen wollen mir nicht mehr munden. Was fangen wir an, Cajus, denn es ist noch weit bis zur Nacht und dem Schauspiel, das du uns zu geben versprochen?«

»Gibt es kein Fest in der Stadt?«, erwiderte gähnend der junge Wüstling. »Lass uns auf den Basar gehen, oder auf dem Meer lustfahren.«

»Es ist alles aus«, entgegnete kopfschüttelnd der Freund. »Die Anachoreten[2] haben das Volk verdorben, und es ist so dumm geworden, dass es jede Freude für eine Eingebung des Teufels hält. – Halt! Da fällt mir ein, dass die Ägypter und Libyer sich heute einschiffen nach Jerusalem. Es ist zwar schlechtes Volk, aber viele ihrer Weiber und Töchter sind dabei. Lass uns nach dem Hafen gehen, Cajus.«

---

[1] Im Original: Macarelen.

[2] Eremiten.

Dieser willigte ein.

»Ich begleite euch«, sagte Maria, »auch ich bin begierig, diese Toren zu sehn. Tummle dich, mein Cajus, denn schon höre ich ihre Haufen durch die Straßen ziehen.«

Der Hausherr erhob sich, rief seinen Diener, und die Gesellschaft begab sich nach dem Hafen.

2

Constantinus der Große[1] saß zur Zeit, im Jahre 325 des Herrn, auf dem Thron des griechischen Kaiserreichs[2] und schützte und verbreitete weit durch alle Länder das Christentum.

Im Hafen von Alessandria[3] wogte die Menge Haupt an Haupt, Gaffer und Beter, Andächtige und Kinder der Welt. Das Fest der Kreuzeserhöhung war nahe, und aus Libyen und Ägypten strömten die Gemeinden herbei, sich einzuschiffen in der Hafenstadt gen Jerusalem, der Heiligen, das Fest dort zu begehen. Aus den Toren drängten sich immer neue Züge, nach einem freien Raum am Ufer wälzte sich die Menge, tausend Augenzeugen wandten sich dahin, tausend Hände wiesen den Nachbar nach ihr:

»Hosimas[4] predigt dort, der junge Anachoret aus der Wüste! Eilet, seine Worte zu hören!«

Da stand er, auf einem erhöhten Granitblock. Unter ihm rauschte das Meer und vor ihm die glaubensbedürftige Menge. Wallende Locken flogen um das jugendliche, in der Verklärung verschönte Antlitz; begeisterte Worte

---

[1] Flavius Valerius Constantinus (zwischen 270 und 288 bis 337) war von 306 bis 337 Kaiser des Römischen Reiches.

[2] Gemeint ist das Römische Reich.

[3] Alexandria.

[4] Eigentlich Zosimas oder Zosimus; ein Heiliger.

strömten von seinen Lippen und rissen die Hörer mit sich dahin, unwiderstehlich, gewaltig.

»Der Herr wird auferstehen«, sprach er, »sein Fest ist nahe. Lasset uns die Kleider gürten und zu ihm eilen, seine Füße zu küssen und anzubeten sein heiliges Grab. Zum sicheren Pfade werden uns die Wogen des Meeres werden, und seine Hand wird uns über die Tiefen der Wässer führen Denn er schätzt, die an ihn glauben, und jedes Haar auf dem Haupte der Seinen ist gezählt. Darum glaubet an ihn, und ihr werdet das ewige Leben empfangen. Denn selig macht der Glaube und tilget alle Schuld. Es ist keiner so sündig, der nicht rein werden könnte im Glauben. Glaubet, und euer ist das Himmelreich!«

Und als er so dastand, die Hand gen Jerusalem gestreckt, das dunkle Anachoretengewand flatternd im Luftzug des Meeres, das jugendliche Antlitz erhoben zum Himmel, schien er ein begeisterter Prophet, wie Paulus, der da predigte unter den Heiden. Und alles Volk fiel nieder auf die Knie, betete zum Herrn und glaubte an ihn; durch seine Reihen schritt der Redner zum Strande und bestieg zuerst ein Schiff. Heilige Psalter singend, in unübersehbarem Zuge folgten ihm die Pilger. –

Auch Maria, die schöne Sünderin, und ihre Begleiter hatte das wogende Gedränge in die Nähe des Anachoreten geführt, und sie hatte seine Worte vernommen. Aber sie hörte nur wenig davon, brennend hingen ihre Augen an der hohen jugendlichen Gestalt des Predigers, an seinem begeisterten schönen Antlitz. Eine gierige, üppige, verzehrende Sehnsucht fesselte ihre Blicke unverwandt auf ihn, eine heftige unkeusche Liebe zog ein in ihre Brust, flammend, unwiderstehlicher, da sie noch nie ihren Lüsten zu gebieten gelernt. Als er an ihr vorübergezogen und das Schiff betreten, da erfasste sie hastig des Cajus' Arm und sprach mit weiblicher List:

»Was zauderst du, mein Süßer? Du bist Herr so vieler Schiffe, auf! Lass uns die Langeweile dieser Stadt töten, und jenen folgend, uns am Gewühl der Menge erlustigen. Tausend Freuden und Abwechslungen bietet uns gewiss das Fest dar, das ich so gerne schauen möchte. O schlage mir die Bitte nicht ab, mein Cajus, lass uns zur Stelle ein Schiff besteigen.«

So überredete sie mit Arglist den Schwachen; böse Lust führte ihre Zunge, und ehe die Sonne in den Westen tauchte, folgte mit schwellenden Segeln die Galeere des jungen Wüstlings den Schiffen der Pilger und holte sie ein.

3

In Jerusalem weilte das Volk und wallte betend zu den heiligen Stätten. Tausende und aber Tausende versammelte das Fest, und alle harrten des nahen Tages. Da war viel Glaube und inbrünstige Reue in der großen und weiten Stadt, und in der unzählbaren Menge der Menschen auch viel Sünde und irdische Lust!

Der frönte auch Maria, und überdrüssig des Römers, hatte sie sich von ihm getrennt und sammelte Lust und Schätze mit ihren Reizen. Dabei aber gedachte sie stets ihres Zweckes und wie sie ihre glühende Liebe befriedigen könne.

Es war am Abend vor dem Fest. Stille lag über der weiten Stadt, und andächtig feierte die Menge den kommenden Morgen. Da trat ein Knabe zu Hosimas, dem Anachoreten, der in der Kirche gepredigt und gebetet hatte, und bat ihn, mit ihm zu gehen zu einer Kranken, die seines Trostes bedürfe. Eilig machte sich der fromme Jüngling auf den Weg, das Gebot der Liebe zu erfüllen, und folgte dem Knaben. Durch viele Straßen führte ihn dieser, bis sie in ein Haus kamen, weit entlegen. In ein Vorgemach ließ sein Führer den Prediger eintreten und deutete auf eine Tür, durch welche er zur Kranken gelangen solle; dann verschwand er und schloss von außen die Pforte.

Der Jüngling, eifrig im Dienst des Herrn, öffnete die Tür und betrat das Gemach. Kostbare Lampen erhellten es, seidene Teppiche deckten Boden und Wände, üppige Düfte stiegen aus silbernen Becken, sinnbetäubend, verwirrend. Auf schwellendem Lager, in tiefe Kissen verhüllt, lag eine Frauengestalt; leise Seufzer schlugen an sein Ohr. Er nahte sich ihr, er beugte sich nieder zu der Kranken, ihr himmlischen Trost zu bringen in ihrer irdischen Gebrechlichkeit. Da fielen die Kissen – weiche volle Arme umschlangen seinen Nacken, üppige, halb entblößte Formen drängten sich ihm entgegen, durstige Lippen suchten glühend die seinen.

Entsetzt riss sich der Klausner mit aller Kraft aus den umstrickenden Banden und streckte die Hände gegen die unbekannte Versucherin.

»Weiche von mir, Geist der Finsternis!«, rief er. »Eine Sterbende glaubte ich zu finden, und eine Versucherin tritt mir entgegen. Ist es der Satan, der mich verlocken will, auf der Stätte, wo er den Heiland versucht, so hebe dich weg! Bist du aber ein irdisches Weib, so sprich, wer bist du, und was suchst du von mir?«

Die Hüllen waren gefallen. Zu seinen Füßen lag ein schönes, glühendes Weib, geschmückt mit allen Reizen des Leibes. Sie hielt ihn umschlungen, dass er nicht zu entfliehen vermochte. Ihre schönen Augen blickten Wollust atmend zu ihm empor.

»O du, den ich liebe, seit meine Augen ihn erblickt«, rief sie, »stoße mich nicht von dir, liebe mich, beglücke mich! Was ich bin und was ich habe, gehört dir, nur sei der Meine! Vergib mir, dass ich dich hierhergelockt, aber meine Liebe war allmächtig. O komm, sei mein süßer

Freund, teile mit mir mein Lager und alle Genüsse der Welt.«

Verführerisch lag sie vor ihm, die schönste Sünde, und strebte ihn niederzuziehen zu sich. Noch nimmer hatten seine Augen solche Reize gesehen, die sich üppig ihm entgegen drängten, aber fest wie ein Fels im Sturm des Meeres stand der Jüngling, den Gott im Herzen, und die Tugend vor Augen.

»Weiche von mir, buhlerische Schlange!«, sprach er mit gewaltiger Stimme. »Nicht die irdische Sünde und Lust kann meinen Sinn verlocken, der meinem Gott gehört. Frevle nicht an ihm und tue Buße. Nicht Liebe ist, was du fühlst, denn die Liebe ist der innigste Glaube und hat mit dem Sündenpfuhl nichts gemein. Der Herr hat dich mit Reizen beschenkt, wie selten ein Weib; o gehe in dich und weihe sie ihm! Bete und bereue, denn sein Gericht wird dich sonst treffen und sein Wort dich zermalmen, wie die Donner des Himmels. Glaube aber, und du wirst die wahre Liebe erkennen lernen, denn die seligste Liebe ist die Liebe zu Gott!«

Und mutig stieß er die Verlockende von sich, und wie ein zürnender Engel schritt er aus dem Gemach der Sünderin.

4

Der Tag des Festes war da; nach Golgatha strömte die Menge und zu den Tempeln des Herrn.

Auch Maria, die Ägypterin, eilte dahin. Noch einmal wollte sie ihn sehen, der sie gestern von sich gestoßen, noch immer glühte die Flamme der Leidenschaft verzehrend in ihrem Busen. Scharen von Betern wallten in das Heiligtum, die bedrängte Seele da zu erleichtern und zu erheben. Auch Maria nahte der Pforte und wollte eintreten in den Tempel, die Sünde im Busen, und ohne Glauben im Herrn. Da fühlte sie plötzlich, wie eine unsichtbare Hand sie zurückstieß mit gewaltiger Kraft, dass sie die Schwelle nicht zu überschreiten vermochte. Sie schaute um sich, verwundert; neben ihr strömten die langen Reihen der Beter ohne Halt in die geöffnete ladende Pforte. Und wiederum, zürnend der Täuschung, nahte sie ihr, und wiederum stieß es sie zurück mit gewaltiger unsichtbarer Kraft. Und zum dritten Mal versuchte sie es, und zum dritten Mal fesselte es ihren Fuß, und eine Stimme erscholl und sprach:

»Nur wer da glaubt an die Wahrheit und an die Liebe, geht ein in mein Heiligtum«

Dies drang ihr ins Innerste der Seele wie flammende Blitze, und sie fühlte, wie sie verworfen und ausgestoßen von Himmel und Menschen sei in ihrer sündigen Liebe. Auf die Knie sank sie und verhüllte das Haupt, und bittere Tränen flossen über ihr Elend und ihre Unwürdigkeit. Denn wie ein Licht war es in ihre Seele gefallen, was die göttliche Liebe bedeute und wie unwürdig sie deren sei in ihrer Sünde und Schlechtigkeit. Trostlos wand sie sich in ihrem Schmerz, zermalmt war ihr Geist, zerknirscht ihr Herz. Was der Jünger des Herrn am Abend zu ihr gesprochen, das stand mit flammenden Worten vor ihr, und heilige Reue erfüllte ihr Inneres.

Da hob sie die Augen auf, und vor ihr aus der Mauer lächelte sie ein Bild der himmlischen Mutter tröstend und milde an. Wie ein Balsam ergoss sich urplötzlich ein gläubiges Vertrauen in ihre Seele. Vor ihr warf sie sich nieder und betete:

»O Du gnadenreiche Jungfrau der Schmerzen! Sei auch mir gnädig in meiner Sünde und Reue, und bitte für mich bei Deinem himmlischen Sohn, dass er mich eingehen lasse in sein Haus und die Last meiner Sünden von mir nehme.«

Und sie sah, wie der Jungfrau Arm sich vom Bilde löste und sie segnete, und eine milde Stimme sprach zu ihr wie mit Himmelsmelodien:

»Gehe ein zu dem Hause des Herrn, denn dein Glaube und deine Reue hat dir geholfen. Keiner ist ganz verworfen vor ihm! Denn er ist die Liebe, und die Liebe umfasset alle. Über den Jordan pilgre in Reue, und du wirst den ewigen Frieden finden.«

Himmlischer Trost strömte in ihr Herz, neugestärkt erhob sich die Sünderin und schritt ungehindert in den Tempel. Dort betete sie lang, beichtete und nahm den Leib des

Herrn[1] aus des Priesters Händen, den sie in sündlicher Lust begehrt. Die irdische Liebe war der göttlichen gewichen, und erfüllt mit ihr empfing sie den Segen des frommen Jünglings

Dann hüllte sie sich tief in ihre Gewänder und wandte ihren Fuß nach dem heiligen Strom.

[1] Hostie; ein einfaches Gebäck.

5

Siebenundvierzig Jahre waren vergangen. In einem Kloster Palästinas lebte der fromme Hosimas, ein ehrwürdiger Greis, und verbrachte seine Zeit im strengen Dienst des Herrn. Ringsumher war die Kunde seines heiligen Wandels verbreitet, und aus weiter Ferne kamen Pilger, seinen Segen zu empfangen.

Aber er selbst meinte in seiner Demut, noch immer nicht Gott würdig genug zu dienen. Und als er darum gehört, dass tief in der Wüste ein Kloster sei, darin fromme Männer lebten im allerheiligsten Wandel, erbat und erhielt er die Erlaubnis, dahin zu wandern, und machte sich auf und ließ sich aufnehmen in die fromme Gemeinde. Hier betete und büßte er aufs Strengste von allen.

Es kam die Zeit der vierzigtägigen Fasten. Da zogen die frommen Brüder mit dem Segen ihres Obern alljährlich hinaus in die Wüste und verbrachten die Zeit in strenger Buße, wie der Heiland einst selbst getan. Auch Hosimas pilgerte hinaus und bereitete sich auf das Fest vor[1]. Um ihn lag das tote Meer des Sandes, kein lebendes Wesen störte seine Gott geweihte Einsamkeit.

So nahte das Ende der Fasten. Da erblickte er eines Ta-

[1] Im Original nur: »… und bereitete sich auf das Fest.«

ges eine menschliche Gestalt, die über den Sand der Wüste eilig floh und vor seinem Ruf sich verbarg in das Gemäuer einer Zisterne. Hoffend, einer Unglücklichen Hilfe bringen zu können, folgte er der Erscheinung und rief ihr zu, ihm zu vertrauen und zu ihm zu kommen. Nach langem Harren ertönte eine Stimme aus dem Brunnen, die bat ihn, seinen Mantel hinab zu werfen und sich zu entfernen. Er tat, wie die Stimme verlangte, und als er an den Ort zurückkehrte, fand er ein Weib, alt und gebrannt von der glühenden Sonne, die ihre Blöße in seinen Mantel verhüllt hatte. Sie warf sich zu seinen Füßen und sprach:

»O heiliger Hosimas, erbarme dich einer unglücklichen und armen Sünderin, die siebenundvierzig Jahre lang in dieser Wüste ihre Sünden gebüßt. Segne mich, damit ich der himmlischen Vergebung teilhaftig werde.«

Der fromme Priester hob die Büßerin auf und suchte sie zu trösten, sie aber erstand nicht eher vom Boden, bis der Heilige ihr seinen Segen erteilt hatte.

Dann erzählte sie ihm weinend von ihrer Sünde und Buße, wie sie aus Alessandria gebürtig und als ein Mägdlein von zwölf Jahren von ihren Eltern gegangen und sich der Sünde in die Arme geworfen habe. Siebzehn Jahre lang habe sie in dieser ihr Glück gefunden, bis der Herr sie gewürdigt, sein Licht in ihre Seele zu senken und von der Schmach der Sünde sie zu erlösen. Seitdem hatte sie ihr Leben in Reue und Buße zugebracht; drei Brote hatte sie mit sich genommen zur Wüste, und als diese aufgezehrt waren, mit den Tieren gelebt. Ihre Kleidung war in Staub zerfallen, und so hatte sie in Büßung und Demut des Tages geharrt, da der Herr sie ganz erlösen und in sein himmlisches Reich aufnehmen werde.

Hosimas verkündete ihr die Vergebung für so viel Reue und Buße und sagte, dass er selbst nur ein schwacher, unwürdiger Mann sei gegen sie. Dabei erstaunte er, dass sie seinen Namen wisse, und verehrte sie darum als eine Erlauchte des Herrn. Sie selbst aber bat ihn, dass er im nächsten Jahr erst mit dem grünen Donnerstag hinausgehen möge in die Wüste und zu den Ufern des Jordan; dort möge er sie wiederfinden und ihr den Leib des Herrn bringen, damit sie durch seinen Genuss sich zum Tode vorbereite. Er solle aber schweigen davon gegen jedermann, denn viele seiner Brüder seien Heuchler und im Geheimen sündige Menschen.

Als sie dies gesprochen, bat sie den heiligen Hosimas noch einmal um seinen Segen und eilte zu neuer Buße zurück in die Wälder, dass sie bald seinen Blicken entschwunden war.

6

Zum zweiten Mal kam die Zeit der Fasten; der heilige Hosimas lag schwer auf dem Siechbett[1]. Am heiligen Donnerstag aber erhob er sich neugestärkt und konnte die Pilgerschaft zur Wüste beginnen, wie ihm die Büßerin verkündet hatte.

Der Vollmond glänzte über die weite tote Öde, als er zum Ufer des Jordans gelangt war. In seinem Licht erschaute er, wie mit eiligen Schritten zum jenseitigen Ufer aus der Wüste die Einsiedlerin daherkam. Zwischen ihr und dem begehrten Sakrament[2] lag der breite und tiefe Fluss, und der fromme Mann wusste nicht Rat und Hilfe. Aber vor seinen Augen begab sich ein Wunder; denn fest und sicher, wie auf dem Boden des Landes, schritt die Heilige über die Wellen zu ihm ans andere Ufer, gehüllt in seinen Mantel, den Blick sehnend gewandt nach dem Allerheiligsten. Da erkannte der fromme Mann, wie die Gnade Gottes für ihre Reue und Buße sie schon auf Erden verklärt habe, und fiel anbetend vor ihr nieder; sie aber hob ihn auf und sprach:

»Wie magst du, ein Diener des Herrn und seinen hei-

[1] Veraltet für ein Krankenbett, auf dem jemand liegt, der sehr lange krank ist.

[2] Eine rituelle Handlung in der christlichen Kirche, die die unsichtbare Gnade Gottes wahrnehmbar übermittelt.

ligen Leib tragend, vor mir Sünderin knien? Im Staube der Demut lasse mich mein Haupt vor dir beugen und das heilige Mahl empfangen, nach dem sich meine Seele und mein Leib sehnt. Denn ich weiß, dass es das letzte Mal ist und ich bald eingehen werde durch seine Gnade zur himmlischen Herrlichkeit.«

Darauf beichtete sie dem Greis, empfing die Vergebung und genoss den Leib des Herrn.

Als sie ihn empfangen, bat sie den Priester, über ein Jahr noch einmal zur Wüste zu kommen, auf die Stätte, wo er sie zuerst gefunden. Das versprach ihr der fromme Hosimas und reichte ihr verschiedene Kleider und Notdurft, so er aus dem Kloster für sie mitgebracht hatte; sie aber weigerte alles und nahm nur eine Hand voll Linsen zum Mahl. Darauf segnete auch sie den Greis, betete und dankte ihm und verschwand, wie sie gekommen, über den Fluss.

7

Und wiederum war ein Jahr vergangen, und der heilige Hosimas machte sich auf, die Heilige zu suchen an dem Brunnen, wo er sie zuerst gefunden hatte. Dabei fiel es ihm schwer aufs Herz, dass er nicht einmal wusste, wie sie geheißen ward, und darum ihren Namen nicht verkünden könne für alle Zeit, wenn er ihre Reue und Heiligkeit erzählen dürfe nach ihrem Tode. –

Als er zum Brunnen kam, da fand er die Heilige, eine Gestorbene, von der Verwesung unberührt, und himmlische Verklärung in ihren Zügen. In den Sand an ihrer Seite waren die Worte geschrieben:

> »Maria, die Ägypterin, bin ich. Der Tag, da ich den heiligen Leib empfangen, wird auch der meines Todes sein. Ich habe viel geliebt und viel gebüßt! Bete für mich, o Hosimas, du, den ich einst geliebt und versucht zu Jerusalem, und der mir von der irdischen Liebe den Weg zur göttlichen gezeigt. Ehre sei ewig dem Gott der Liebe!«

Tief erschüttert beugte der Greis sich über sie und betete lange an ihrer Hülle.

»Gesündigt hast du in irdischer Liebe«, sprach er, »aber

um der göttlichen Liebe willen ist dir verziehen worden. Bete für uns, du Heilige und Gereinigte, an Gottes Thron.«

Und als er sich erhob, siehe, da kamen aus der Wüste zwei mächtige Löwen, dass der fromme Mann anfangs erschrak. Aber die Tiere legten sich ihm zu Füßen und leckten seine Hände und beugten sich vor dem Leichnam. D'rauf scharrten sie mit Zähnen und Klauen ein tiefes Grab und schritten davon, wie sie gekommen waren.

Hosimas erkannte den Wink des Herrn, und in das Grab, das die Löwen gewühlt in der Wüste, begrub er Maria, die Büßerin!

Zwei Gedichte

Widmung

Bald steht auf Teutoburgs Höhen
Ein Denkmal frei und kühn,
    Zu dem aus allen Enden
Germaniens Völker zieh'n.

Wohl eine Säule ist es,
Der Freiheit aufgestellt,
    Auf ihr ragt in die Wolken
Germaniens erster Held.

Die Säule ist so mächtig,
So hoch und groß gebaut,
    Dass man in allen Enden
Der Freiheit Zeichen schaut.

Denn alle Stämme Deutschlands,
Aus Gauen nah und fern,
    Sie trugen schwere Steine
Zum Bau der Freiheit gern.

Da droben auf der Säule
Steht Hermann kühn und mild,

Und deckt sein liebes Deutschland
Mit seinem ries'gen Schild.

Mit seiner Rechten dräut er
Hinüber nach dem Rhein:
»Ihr Franken ehrt und fürchtet
Stets deutscher Marken Stein!« –

Ihr Deutschen aller Stämme,
Im großen schönen Reich,
O grabt dies Bild der Freiheit
Fest in die Herzen euch!

Seid treu und stark und einig
In Tat und Sinn und Wort,
Dann bleibt das Bild des Helden
Auf ewig Deutschlands Hort!

Willkommen!

Am Tage des Einzugs der siegreichen Truppen in Berlin von den Damen des Bazars zum Besten der »Prinzeß-Maria-Anna-Stiftung« und der Gründung des »Militär-Kurhauses in Warmbrunn als Nationaldank« an die Einziehenden verteilt. Gedichtet von H. Goedsche

Willkommen von dem Waffentanz,
Willkommen in Berlin!
Den Tapfern reichen wir den Kranz,
Den Kranz von Immergrün.
Und sind auch Blumen nicht dabei,
Ihr flechtet selig sie ein, –
Der Weg bis Skagen von der Schlei
Wird nie vergessen sein.

Willkommen hoch, »Elisabeth!«
Du tapfres Regiment,
Das jede Zunge preist beredt,
Die Schanze Sieben nennt!
Willkommen jeder Grenadier
Der Königlichen Frau!

»Augusta« hoch! gedenken wir
An Beeren, Rabenau!

Ihr Danziger von Haff und Meer,
Spandauer aus der Mark,
Von Jagel, Nübel, Vonsild her
Kennt man euch treu und stark.
Achtzehner Ihr vom Pos'ner Land,
Die mit dem Rolf getauft,
Von Schanze Acht zum Als'ner Strand
Revange euch gekauft!

Ihr Wackern, die bei Sturm und Nacht
Nach Fehmarn kühn geschifft,
Ihr Kanoniere, deren Macht
Das Dän'sche Bollwerk trifft;
Husaren, die bei Kolding ihr
Manch' Reiterstück getan,
Ihr Jäger, »Nic'laus-Kürassier«,
Nehmt uns're Kränze an!

Ihr alle, die ihr treu und echt
Des Königs Fahnen trugt,
Für Preuss'sche Ehre, und Deutsches Recht
Den frechen Dänen schlugt
Seid in des Kriegsherrn Residenz
Gegrüßt in Gloria!
Denn besser als der Blumen Lenz
Schmückt euch Victoria!

Nachwort[1]

Hermann Goedsche, wohl besser bekannt unter seinem schriftstellerischen Pseudonym Sir John Retcliffe, war zu seiner Zeit eine durchaus bekannte Persönlichkeit. Als Journalist bei der 1848 gegründeten *Neuen Preußischen Zeitung*, die im Volksmund aufgrund des im Titelkopfs abgebildeten Eisernen Kreuzes auch kurz *Kreuzzeitung* genannt wurde, war er ein Kollege von Theodor Fontane und von Otto von Bismarck und fiel anfangs durch seinen Hang zu Witz und Satire auf; einen Namen machte er sich aber dann für seine kompromisslose, rückwärtsgewandte Einstellung zu Fragen der Politik und Gesellschaft.

Die Zeitung war in Preußen das Blatt, welches vorwiegend vom Adel, von hohen Beamten, Offizieren und Fabrikanten gelesen wurde. Dementsprechend vertrat sie eine weitgehend konservative Meinung, die dem Weltbild der meisten ihrer Leser entsprach. Aufgrund seiner Arbeit für das Blatt fand Goedsche auch privaten Zugang zu jenen Kreisen, die später bis hinauf in das Königshaus reichen sollten, wo er sich mit dem Hofrat Ludwig Schneider anfreundete, der der Vorleser Friedrich Wilhelms IV. und auch Wilhelms I. war und sein schriftstellerischer

[1] Unter Verwendung von Friedrich Schegk, *Sir John Retcliffe* in: *Lexikon der Reise- und Abenteuerliteratur*, Meitingen, Corian-Verlag. 1988 ff.

Kompagnon wurde, als sie gemeinsam, unter dem Pseudonym Sir John Retcliffe, die *Historisch-politischen Romane aus der Gegenwart* verfassten. Aufgrund seiner intimen politischen Kenntnisse übernahm Schneider dabei zumeist jene Szenen in den Romanen, in denen es um historische Belange und politische Dialoge geht, während Goedsche den weitaus größeren Rest mit der meist abenteuerlichen Handlung zu Papier brachte.

Aufgrund seiner Stellung und seinen Freundschaften entwickelte sich bei Goedsche mit der Zeit jene erzkonservative Haltung, mit der er als Journalist und Autor mit allen ihm zur Verfügung stehenden Mitteln jeden progressiven und demokratischen Gedanken auf das Schärfste bekämpfte. Dabei schreckte er auch nicht vor Lügen zurück, was ihm viele Feinde und so manchen bösen Artikel in anderen, weniger konservativ oder sogar fortschrittlich ausgerichteten Zeitungen einbrachte.

Allerdings kann man Goedsche nun nicht vorwerfen, einem durchgehend rückwärts gerichteten Weltbild anzuhängen, denn wie viele seiner Zeitgenossen war auch er ein Verfechter einer deutschen Einheit; wenn auch nach preußischer Prägung und Führung. Dies macht z. B. auch sein Einsatz für das Hermannsdenkmal im südlichen Teutoburger Wald, das als Nationaldenkmal vorgesehen war, deutlich. Wie ähnliche im 19. Jahrhundert geplante und auch errichtete Bauten, sollte das Hermannsdenkmal an eine alte, eine »bessere Zeit« erinnern, als durch die von Hermann dem Cheruskerfürsten (Armin) herbeigeführte Einheit der germanischen Völker drei römische Legionen in der sogenannten Varusschlacht (früher Schlacht im Teutoburger Wald) besiegt und die Römer aus den rechtsrheinischen Gebieten vertrieben werden konnten. Durch eine ähnliche Einheit war es auch gelungen, Napoleon in der Völkerschlacht bei Leipzig zu besiegen, wo inmitten der Kämpfe einige eigentlich mit Frankreich verbündete sächsische und württembergische Truppenverbände die Seite wechselten und zu den Alliierten überliefen. In Hinblick auf die Varusschlacht wurde allerdings verkannt, dass die Germanen zur Zeit Hermanns des Cheruskers nicht wirklich Deutsche im heutigen Sinne waren und diese damals geschlossene Einheit nur kurze Zeit währte. Es dauerte nicht lange, dann brachen die alten Konflikte zwischen den oftmals miteinander verfeindeten Stämmen erneut aus und richteten sich letztendlich auch gegen ihren Anführer, der ihnen zu ihrem großen Sieg verholfen hatte.

Im 19. Jahrhundert war aber nicht mehr das Römische Reich der große Feind der Deutschen, sondern das benachbarte Frankreich, das nach einer weitverbreiteten Ansicht seit Ludwig XIV. danach strebte, sich nach und nach die deutschen Lande einzuverleiben, wofür Napoleon durch seine Besetzungen den unwiderlegbaren Beweis geliefert hatte. Doch dank deutscher Einigkeit war es möglich gewesen, auch diesen Feind wieder aus dem Land zu jagen.

In diesem Sinne ist auch jenes Gedicht zu verstehen, das Goedsche 1841 zum Ruhm des Hermannsdenkmals schrieb:

Mit seiner Rechten dräut er
Hinüber nach dem Rhein:
»Ihr Franken ehrt und fürchtet
Stets deutscher Marken Stein!« –

Und so ist es auch kein Wunder, dass das von der Hermannsfigur getragenen Schwert nach Westen, also gegen Frankreich weist. Aber gemeinsam, so lassen sich Goedsches Zeilen verstehen, würde man den Franzosen jederzeit widerstehen können:

> Seid treu und stark und einig
> In Tat und Sinn und Wort,
> Dann bleibt das Bild des Helden
> Auf ewig Deutschlands Hort!

Als Goedsche dieses Gedicht schrieb, war die Errichtung des Denkmals noch lange nicht vollendet. Im Gegenteil, die 1838 begonnenen Arbeiten erwiesen sich als sehr langwierig und kostspielig. Überall in deutschen Landen entstanden Vereine, die Geld für das Denkmal sammelten und dabei die verschiedensten Wege beschritten. Immer wieder mussten neue Gelder aufgetrieben werden, damit der Bau nicht zu Erliegen komme. Dabei entstanden auch verschiedene Projekte wie das wohl schon 1841 erschienene *Hermanns Taschenbuch für 1842*, das im in Minden und Leipzig ansässigen Verlag von Ferdinand Eßmann erschien. Der Reingewinn des Verkaufes sollte vollständig zugunsten des Denkmals gespendet werden. Der wohl fleißigste und engagierteste Mitarbeiter an diesem Projekt war Hermann Goedsche. Neben dem Gedicht *Widmung*, aus dem die weiter oben zitierten zwei Strophen stammen und das in der vorliegenden Publikation (S. 29 f.) wohl zum ersten Mal seit fast 180 Jahren erneut abgedruckt wird, verfasste er auch drei Novellen, die er unter dem Obertitel *Glaubens-Novellen* zusammenfasste.

Trotz dieses gemeinsamen Sammeltitels haben die drei erzählten Geschichten aber nicht miteinander gemein als das Thema des christlichen Glaubens. Wie auch schon das Gedicht, wurde anscheinend keine der Erzählungen seit ihrer ersten Veröffentlichung erneut irgendwo abgedruckt, sodass sie wohl nahezu unbekannt sein dürften. Deshalb hat sich der Verlag entschlossen, diese Werke nach und nach wieder aufzulegen und damit dem interessierten Leser zugänglich zu machen. Dabei entschied er sich, wie auch schon bei anderen Publikationen mit Texten Goedsches, diese unter dem bekannteren Pseudonym des Autors, Sir John Retcliffe, zu verlegen.

So enthält der vorliegende Band die frühe Goedsche-Erzählung *Maria, der Ägypterin Liebes- und Bußfahrten*, die auch an erster Stelle der *Glaubens-Novellen* steht. Es ist die kürzeste der drei Geschichten und entführt den Leser in die Zeit des Römischen Reiches: Erzählt wird dabei die Legende der Heiligen Maria von Ägypten (Maria Aegyptiaca). Das Sujet scheint für diejenigen Leser, die nur die *Historisch-politischen Romane aus der Gegenwart* kennen, ein wenig ungewöhnlich zu sein, doch wer sich ein bisschen mit dem frühen Werk Goedsches auskennt, wird wissen, dass er sich am Anfang seiner schriftstellerischen Karriere auch vielfach mit Sagen und Legenden beschäftigte und einige davon in neuer Form niederschrieb. Als Beispiele seien hier *Die Sage vom Ottilienstein*, *Die steinernen Tänzer* und *Schlesischer Sagen-, Historien- und Legendenschatz* genannt. Zu dieser Art von Erzählungen kann man auch die hier erneut abgedruckte kurze Novelle zählen. Die weiteren Geschichten der *Glaubens-Novellen* gehören einem anderen literarischen Themenkreis an. Dabei dürfte die zweite Novelle der Sammlung, *Die Schlacht bei Lützen*, dem am nächsten kommen, was man von dem Autor erwartet. In eine ganz andere Richtung entwickelt sich dann aber die dritte Novelle mit dem Titel: *Schmerzen der Zeit*.

Offen muss an dieser Stelle bleiben, ob Goedsche möglicherweise auch das anonyme Vorwort des Buches geschrieben hat, in dem dessen Sinn und Zweck erklärt wird.

Zur Vervollständigung des vorliegenden Büchleins, das dem Leser einen eher unbekannten Hermann Goedsche bzw. Sir John Retcliffe darbietet, präsentiert der Band neben dem bereits genannten noch ein weiteres Gedicht, mit dem er den siegreich aus dem Deutsch-Dänischen Krieg heimkehrenden Truppen ein literarisches Denkmal setzen wollte.

Wie auch schon das Widmungsgedicht zum Hermannsdenkmal, handelt es sich um eine hurra-patriotische Dichtung, wie sie in dieser Art im 19. Jahrhundert von vielen Autoren in ganz Europa verfasst wurden und die ein Loblied auf die eigene Herkunft und die eigene Nation singen. Das wirkt heutzutage oft befremdlich und wird als Nationalismus bezeichnet, wobei man bedenken muss, dass sich die Bedeutung dieses Begriffes in den letzten Jahrzehnten auch erheblich gewandelt hat. Nationalismus war in deutschen Landen, aber auch anderswo in Europa, wie z.B. Italien, der Wunsch vieler Menschen nach einem geeinten Land und der Stolz darauf, dieses Ziel auch endlich erreicht zu haben. Nationalismus war aber auch der Stolz auf die eigenen kulturellen und industriellen Errungenschaften und wie man sich mit diesen auf einem gerade im Entstehen begriffenen Weltmarkt behaupten konnte. Dass ein übersteigerter Nationalismus leider auch zu Chauvinismus und zum Glauben an die Überlegenheit des eigenen Volkes, der eigenen »Rasse« führen kann, ist leider nur zu bekannt. Und gerade dieser letzte Punkt ist es, den man heute mit diesem Begriff verbindet und der in dieser Form auch zurecht abzulehnen ist.

Dass diese beiden Gedichte im vorliegenden Band erneut abgedruckt werden, verdanken sie einzig und allein der Tatsache, dass sie von Hermann Goedsche verfasst worden sind, dessen Name heute bei vielen älteren Lesern noch bekannt ist, während jüngere Generationen mit seinem Namen wohl nur noch wenig anfangen können. Bevor er allerdings fast ganz vergessen wird und seine heute schon eher unbekannteren Werke verloren gehen, sollen sie hier noch einmal veröffentlicht und für zukünftige Generationen leichter erreichbar gemacht werden.

Der Herausgeber

In gleicher Ausstattung sind die folgenden Bände erschienen
oder befinden sich in der Vorbereitung:

Kleine Dornbrunnen Bibliothek

In der Reihe Kleine Dornbrunnen Bibliothek erscheinen Werke der klassischen Unterhaltungsliteratur, die seit vielen Jahrzehnten nicht mehr oder noch niemals in deutscher Sprache verlegt worden sind.

1. *Jules Verne*
Pierre-Jean
Eine Erzählung

2. *Alexandre Dumas*
Der Pfarrer Chambard
Eine Kriminalgeschichte

3. *Hippolyt Tauschinsky*
Neues vom Doktor Ox
Drei elektrische Geschichten

4. *Emilio Salgari*
Die Wilden von Papua
Zwei Seemannserzählungen

5. *Sir John Retcliffe* (H. Goedsche)
Maria, der Ägypterin Liebes- und Bussfahrten
Eine Novelle und zwei Gedichte

6. *Karl May*
Nach Sibirien
Eine Kriminalgeschichte

7. *Edgar Wallace*
Auf der Strasse nach Witney
Zwei weihnachtliche Kriminalgeschichten

– Weitere Bände in Vorbereitung –